Ye 1517

SATIRES NOUVELLES.

AVEC

UNE ODE SUR L'HEUREUSE convalescence de Monseigneur le Dauphin.

Par le Sieur D***

A PARIS,
Chez JACQUES COLLOMBAT, Imprimeur ordinaire de Madame la Duchesse de Bourgogne, ruë Saint Jacques, au Pelican.

M. DCC I.
AVEC PERMISSION.

SATIRES NOUVELLES

Du Sieur D***

SATIRE I.

LE DEMOCRITE MODERNE,

Sur les diverses folies des hommes.

QUOY? viendras-tu toûjours, sur le ton d'Heraclite,
M'exprimer ton chagrin, que chaque objet irrite?
Je deplore, dis-tu, tant de malheurs divers;
On ne voit presque rien qui n'aille de travers:
La raison, le bon sens à peine osent paroître,
Et l'homme n'est rien moins que ce qu'il devroit estre.
Ajoûte, si tu veux, imitant Despreaux,
Que l'homme est au dessous de tous les animaux;
J'en conviens. N'as-tu point de plus puissantes armes
Pour me faire approuver ton chagrin & tes larmes?
Si tu vois ces malheurs des yeux dont je les voy,
Tu prendras le party d'en rire comme moy.
   Et pourquoy n'en point rire? eh! qui peut s'en deffendre,
Damon? il faut sans doute avoir l'ame bien tendre,

A ij

Pour venir m'exprimer, par un regret pressant,
Un mal qui fait plaisir à celuy qui le sent.
L'homme te fait pitié : mais parlons-en sans feindre.
Cet homme que tu plains est-il si fort à plaindre ?
Quoy ? cet Ambitieux, poursuis-tu, qui toujours
De la sourde Fortune implore le secours ;
Cet Avare agité du demon qui l'obsede,
Soy disant possesseur de l'or qui le possede ;
Ce Vieillard qui déja sur le bord du tombeau,
Veut, graces à l'Hymen, renaître de nouveau ;
Sont-ce là des sujets propres à faire rire ?
Ouy, Damon, & de plus vrais sujets de Satire.
Eh quoy ? pour estre fou l'homme est-il malheureux ?
C'est son égarement qui comble tous ses vœux.
La raison dans sa tète est un meuble incommode ;
Il faut que de chimere il se berce à sa mode ;
Qu'au gré de son caprice il se laisse entraîner.
Quoy ? son plus grand malheur, la morale est jolie,
C'est pour souverain bien établir la folie,
Me dira Thraseas, qui pour bien souverain
Propose une vertu dont il se pare en vain :
Mais bien loin qu'il m'oblige à changer de langage,
Je dis que sa folie est de se croire sage.

 Mon sentiment subsiste, & je jurerois bien
Que je puis l'avancer sans que je risque rien :
Dés long-temps d'icy-bas la Sagesse exilée
Nous ôte tout espoir de l'y voir rappellée ;
Cette austere vertu n'est pas faite pour nous,
Et, pour trancher le mot, tous les hommes sont fous.

 Je ne t'avance rien qu'aisément je ne prouve.
Tien, le premier objet qui sous mes yeux se trouve,
Me fournit sur le champ dequoy te contenter ;
C'est cet Ambitieux que tu viens de citer.
Qu'il est fou ! son esprit fait des projets sans nombre ;
Sans se lasser jamais il court aprés une ombre ;
Et semant dans un champ qui ne porte aucun fruit,
Il cherche la grandeur quand la grandeur le fuit.
Si tu l'en crois, Damon, demain il est en place ;
Il n'a qu'un pas à faire, il est temps qu'il le fasse,
Il ne vit que d'espoir ; & son cœur incertain

SATIRE I.

Attend depuis vingt ans cet heureux lendemain.
Cependant sur son front la Parque meurtriere
Annonce par écrit la fin de sa carriere ;
Et pour prix de ses soins, je m'attens que le sort
S'avise de luy rire une heure avant sa mort.
Ne vaudroit-il pas mieux qu'à ses dépens plus sage
Il commençàt de vivre au declin de son âge ?
Que regagnant ses champs pour y planter ses choux,
Il fist rayer son nom de la liste des fous ?
Mais c'est ce que de luy je n'oserois attendre ;
Du premier pas qu'on fait le dernier doit dépendre ;
Ce que le berceau donne, on le rend au tombeau,
Et, comme le Renard, l'Homme meurt dans sa peau.

   Veux-tu qu'à ton Avare en même temps je passe ?
Pour qui sont ces thresors qu'avec soin il entasse ?
Ceux dont il va bien-tôt grossir les revenus
Sous le nom d'heritiers, luy sont presque inconnus.
Car tu sçais que son or, seul maître de son ame,
Luy tient lieu de parens, & d'enfans & de femme.
Il est vray qu'il voulut un jour s'assujettir
A prendre une moitié : mais, à ne point mentir,
La faim fait trop de peur ; on ne s'empresse guere
A regorger de biens pour mourir de misere ;
Et les femmes sur tout aiment les bons repas :
Une seule, dit-on, que l'on ne nomme pas,
S'offrit à l'épouser avec beaucoup de peine,
Pourvu qu'il luy promît de mourir en huitaine ;
Ou qu'il mît en dépôt cent mille écus comptans,
Pour acheter le droit de vivre plus long-temps.
Je te laisse à penser s'il en accepta l'offre.
Il court à son logis, il consulte son coffre ;
Et pour vivre à l'abri d'une si dure loy,
Il jure à son tresor une eternelle foy.
S'il promit, il prit soin de tenir sa parole.
Le voilà donc tout seul avec sa chere idole ;
Ses futurs heritiers, grands donneurs de bon jour,
Par luy sont dispensez de luy faire la cour.
Et ne suffit-il pas que pour eux il travaille ?
Qu'il leur garde un froment dont il mange la paille ?
Qu'un jeûne volontaire avançant son trépas,

A iij

Bien-tôt les autorise à vivre gros & gras ?
Et que n'osant nourrir une méchante rosse,
Il soit toujours à pied pour les mettre en carrosse ?
Je supprime le reste, & pour moins de raisons
Tous les jours on en loge aux Petites-Maisons.

Je viens à ton Vieillard, qui presqu'octogenaire,
Pour épouser Dorine est assez temeraire :
(Car c'est elle sans doute) elle a l'esprit joli,
Et son troisiéme lustre à peine est accompli.
Pour luy, malgré le poids de l'âge qui l'accable,
Il trouve que l'hymen est un joug tout aimable ;
Et la glace des ans ne deffend pas son cœur
Contre le doux poison d'une fatale ardeur.
En un mot il l'épouse, & de son mariage
Il s'attend que bien-tôt le Ciel luy donne un gage.
Je ne sçay si le Ciel exaucera ses vœux ;
Mais ce gage futur fait trembler ses neveux.
Le pere putatif (& moy-même j'en tremble)
N'aura pas le plaisir de voir s'il luy ressemble,
Et se verra contraint par la loy du trépas
D'enrichir un enfant qu'il ne connoîtra pas,
Heureux de vivre encor dans un autre luy-même.
N'est-ce pas là, Damon, une folie extrême ?
De pareils épouseurs malgré quatre-vingts ans,
Ont-ils dans leur cervelle une once de bon sens ?

Et tu les plains, Damon, quand il est temps d'en rire !
Passe pour ces deffauts que tu viens de décrire,
Diras-tu ; je conviens que cet Ambitieux
Dans ses vastes projets est risible à nos yeux ;
Je veux bien consentir à moins plaindre un Avare,
Qui n'éprouve de maux qu'autant qu'il s'en prépare.
Le Vieillard épouseur me paroît à son tour
Digne d'estre joüé pour son bizarre amour.
J'en ris ; mais jusques là si je puis me contraindre,
Tant d'autres malheureux en sont-ils moins à plaindre ?
Malheureux ! à leur sort donne d'autres couleurs ;
Leur folie en plaisirs change tous leurs malheurs :
Je te l'ay déja dit, & veux te le redire,
Damon, de tous les maux la raison est le pire ;
Son importun secours est toujours dangereux,

SATIRE I.

Et je ne plains enfin qu'un sage malheureux.

Tu ris de cet essor d'une verve insensée ;
Mais je me trompe bien, ou voicy ta pensée ;
Damon, si j'ay dit vray, tous les hommes sont fous ;
Je n'en exclus aucun quand je les nomme tous.
La consequence icy se tire d'elle-même,
Donc ils sont tous heureux, supposé mon sistéme.
Tu raisonnes fort juste, & je ne pretens point
de tout ce que j'ay dit retratter un seul point.
Mais si tu veux enfin qu'à mon tour je raisonne,
Ma cause, que je croy, ne sera pas moins bonne.

On nous a dit cent fois, & cent fois repeté,
Que le bien est l'objet de notre volonté ;
Et que nous ne donnons au mal la préference
Qu'autant qu'il sçait du bien emprunter l'apparence.
Doncques l'homme insensé, dans son plus triste sort,
N'est point du tout à plaindre ; & je conclus d'abord
Qu'il faut que le malade aime sa maladie,
Puisqu'il ne peut souffrir que l'on y remedie.

En effet de Sapho *tente la guerison ;*
Ote-luy sa folie, & rends-luy sa raison.
Tu sçais quelle fureur dérange sa cervelle ;
Elle se croit sçavante, & veut passer pour telle :
Tu ferois mal ta cour d'aller luy reprocher
Qu'elle a perdu l'esprit à force d'en chercher.
Tu la verrois d'abord éclater en injures ;
Elle t'accableroit de cinq ou six Mercures,
Qui de ses beaux talens connoissant mieux le prix,
Malgré toy l'ont admise au rang des beaux Esprits.
Ne luy dispute point ce glorieux partage,
A n'en parler jamais on gagne davantage :
Une digue opposée irrite ce torrent ;
Et comme elle cherit cet éclat apparent,
Mille sots qu'elle voit flatter sa maladie,
Luy donnent tant d'encens, qu'elle en est étourdie.
C'est en vain qu'un Censeur par elle est consulté,
Ce n'est pas aujourd'huy qu'on dit la verité,
Damon, c'est un Phœnix qu'un intraitable Alceste ;
Qui, bien loin d'applaudir à des Vers qu'il deteste,
Dise : J'en pourrois bien faire d'aussi méchans,

Mais je me garderois de les montrer aux gens.
Je veux bien toutefois que ce Phœnix se trouve;
Qu'il blâme hautement ce qu'un flatteur approuve:
Que luy sert de parler, s'il croit n'avancer rien?
On blanchiroit plûtôt un Ethiopien;
Il fera cent fois mieux de ne pas l'entreprendre.
Les sifflets du Parterre ont-ils gueri Timandre ?
On a cru vainement le faire succomber;
On l'a vû par deux fois s'élever, & tomber.
Qu'importe ? il ira bien jusques à la troisiéme;
Rien ne peut l'arrêter dans sa fureur extrême;
Il sçait trop ce qu'il vaut, il accuse par tout
Le siecle d'injustice, ou de fort mauvais goût:
Et la plume à la main, pour confondre l'envie,
Il prendra, s'il le faut, tout Paris à partie.

Un autre fou m'appelle, & d'un burlesque trait
Je voy qu'il me convie à faire son portrait.
C'est Ariston. *O Ciel ! que son sort me fait rire !*
Et qu'il me paroit propre à peupler Antycire !
Sa passion extrême est la fureur du jeu;
En vain d'y renoncer cent fois il a fait vœu:
Certain pressentiment au fond du cœur le flatte
Que la Fortune enfin va cesser d'estre ingrate;
Que pour le rendre heureux elle est prête à changer;
Qu'elle a, comme l'Amour, son heure du Berger.
Charmé de cet espoir, il court en diligence
D'un traître Pharaon *essuyer l'inconstance;*
Il entre chez Julie, & découvre soudain
Bien des fous comme luy les armes à la main.
L'assaut est tentatif, le Banquier plein d'adresse,
De deux mille Louïs forme une Forteresse:
La plus avare soif trouve à se contenter,
Et le riche butin invite à l'emporter.
Il s'asseoit, il prend carte; & le destin perfide,
Pour le mieux engager, en sa faveur decide.
Sur cette carte heureuse il fait d'abord un ply;
Elle luy fait encor gagner le Paroly.
Il aspire plus loin, deux cornes d'abondance
Jusqu'au Sept *& le* Va *luy font pousser la chanse.*
Il l'emporte, & son cœur se flatte en ce moment

SATIRE I.

Que le Quinze *& le* Va *viendra pareillement.*
Si jusques-là le sort eût rempli son attente,
Quatre Louïs risquez en rapportoient soixante;
Mais il fait volte face, & tout le gain s'enfuit;
L'ouvrage de trois coups par un seul est détruit.
Le confus Ariston, à ce revers funeste,
Jure entre cuir & chair, contre soy-même il peste.
Si de l'espoir du gain les yeux moins éblouïs,
Il eût sçu se borner à ces trente Louïs,
De son guignon peut-être il eût rompu le charme.
Pour réparer ce coup, d'autres cartes il s'arme;
Mais le sort le poursuit avec tant de fureur,
Qu'à peine il fait tourner un coup en sa faveur.
C'est alors qu'il commence une affreuse carriere,
Son ame à son Lutin se livre toute entiere;
Et le traître de jeu luy devient si fatal,
Qu'il ne fait du Brelan qu'un pas à l'Hôpital:
Car comme il a recours à des prêteurs sur gage,
Il sçait en peu de temps achever son naufrage;
Et contre cet écueil se hâtant d'échoüer,
Le voilà pour toujours dispensé de joüer.
Il avoit jusqu'icy bravé tout autre obstacle;
C'étoit à l'indigence à faire ce miracle.

Mais sur Timocreon *jettons un peu les yeux;*
C'est un fou, qu'à bon droit j'appelle furieux.
Que Paris en produit, Damon, de cette espece!
La rage de bâtir qui l'agite sans cesse,
Dans ses vastes desseins mesure, embrasse tout;
Il poussera bien-tôt l'Architecture à bout.
Elever, démolir, changer d'ordre & de place;
Au rond comme au quarré donner toute autre face;
De goût tantôt moderne, & tantôt ancien;
Estre envieux de tout, n'estre content de rien,
C'est son portrait. En vain tant de projets immenses
Aux dépens du Public consomment ses finances;
Rien ne l'arrêtera dans son rapide cours;
Il bâtit, c'est assez, il bâtira toujours,
Si le Prince attentif ne presse enfin l'éponge:
Alors ses grands projets s'enfuiront comme un songe,
Qui, chimerique fruit d'un trop heureux sommeil,

B

SATIRE I.

Se perd dans un inſtant, à l'aſpect du Soleil.
  Autre fou qui ſurvient; c'eſt Criton au teint blême,
Plus ſec qu'un Penitent échappé du Carême.
Devine d'où luy vient ſa livide couleur,
Damon, trop d'embompoint a cauſé ſa pâleur.
Ah qu'il ſe portoit bien quand il étoit plus ſage !
Un teint toujours fleuri coloroit ſon viſage :
Mais il devint ſi fou, qu'il fut s'imaginer
Que d'un feu devorant il ſe ſentoit miner,
Et que par cette ardeur de ſanté, de jeuneſſe,
L'humide radical ſe conſumoit ſans ceſſe.
Sur le champ, ſous le nom d'habiles Medecins,
Il appelle chez luy cinq ou ſix aſſaſſins.
Son mal eſt au poulmon, s'il faut croire Hipocrate ;
Si l'on croit Galien, c'eſt plûtôt dans la rate.
Et ſelon Hipocrate, & ſelon Galien,
Il eſt malade enfin pour ſe porter trop bien ;
C'eſt à ſon embompoint qu'il faut qu'on remedie ;
C'eſt la ſanté qu'on traite, & non la maladie.
Auſſi-tôt d'ordonner des refrigeratifs,
D'éteindre de ſon ſang les eſprits les plus vifs ;
Ils luy donnent enfin cette couleur livide,
Digne production de leur art homicide.
Tu le trouves à plaindre, & j'en ris tout mon ſou ;
Je t'en ay déja dit la raiſon, il eſt fou.
Lorſqu'à certain degré la folie eſt montée,
En vain nous nous flattons de la voir ſurmontée ;
Sur un mal ſi bizarre on a beau diſcourir,
Ce n'eſt que par la mort qu'un fou ſe peut guerir.
  Voy ce jeune étourdi, qui court aprés la mode ;
Utile à ſon Marchand, à luy-même incommode,
En vain, grace à Themis, Avocat, Procureur,
A deux habits par an ont reglé ſa fureur ;
A moins de deux par mois il n'oſeroit paroitre ;
Il s'agit de paſſer pour riche, & non de l'eſtre ;
Qu'importe que ſon coffre en ſoit vuide d'argent,
Et, malgré tant d'éclat, le declare indigent ?
C'eſt à la ſeule mode à regler ſa dépenſe :
Il eſt vray qu'en ſecret il en fait penitence ;
L'abſtinence au tein ſec le rend triſte, abbatu,

SATIRE I.

Et le luxe chez luy produit cette vertu.
 Mais à laisser ce fou Doralice m'engage,
La mode dans sa tête a fait tant de ravage,
Qu'on ne sçauroit pousser cette fureur plus loin,
Et de mon Ellebore avoir plus de besoin.
En Reyne de Theatre à Paris erigée,
Malgré nos sifflemens toujours plus arrangée,
Elle se plaint encor que la mode tarit:
Pour moy je m'attendois qu'elle perdit l'esprit,
Quand d'une juste loy l'equitable censure
Prit soin de supprimer & bijoux & dorure:
Mais malgré cet Edit, sa fureur dure encor
Et la soye est en droit de la vanger de l'or.
 Je ne finirois pont, si j'allois te décrire
Tout ce qui peut icy tomber sous ma Satire:
Il me faudroit, Damon, étaler à tes yeux
L'entêté, le jaloux & le capricieux;
Joindre le noir Chimiste au Chercheur d'antiquailles,
Qui change sottement ses Louïs en medailles:
Et parcourant de l'œil & la Ville & la Cour,
La Coquette & la Prude auroient aussi leur tour.
Quelle troupe de foux de tout sexe & tout âge
Contre divers écueils viendroit faire naufrage!
Regarde celuy-cy, regarde celle-là;
L'un tombe dans Carybde, & l'autre dans Sylla:
Mais j'ay beau les chercher avec un soin extrême,
Je laisse le plus fou, Damon, & c'est moy-même,
Qui voyant tous ces gens dépourvus de raison,
Moins raisonnable qu'eux, tente leur guerison.

SATIRE II.

Sur les miseres des Plaideurs.

C'En est donc fait, Straton, tu ne veux rien entendre?
 Quels que soient mes conseils, tu ne sçaurois t'y rendre;
Ennemi declaré de ton propre repos,
Tu veux plaider? au moins écoute encor deux mots;

B ij

Et qu'un dernier effort d'une amitié sincere
T'arête au premier pas sur le point de le faire.
D'un si brusque dessein connois tout le danger,
Et sonde mieux l'abîme avant de t'y plonger.

 Je sçay qu'il t'est fâcheux que ton Tuteur avide
Sur un bien qui t'est dû porte une main perfide;
Que de vingt mille francs injuste ravisseur
Il en soit à tes yeux tranquille possesseur:
Mais voyant les chagrins où la chicane expose,
Je tiens qu'un bien perdu vaut mieux qu'un gain de cause.
Tu dis que ton procés terminé dans un mois
Sçaura, sans nul chagrin te remettre en tes droits.
Dans un mois! Je voy bien qu'un Procureur sincere
Déja dans son Etude a jugé ton affaire;
Et, foy de Procureur, sans doute il t'a promis
De te mettre à couvert des lenteurs de Themis.

 Ah que tu connois peu l'esprit de la Chicane!
Et qu'à d'affreux ennuis ton erreur te condamne!
Quel que soit ton procez, on te dira toujours
Qu'une seule Audiance en va finir le cours;
Et comme au premier pas on craint qu'on ne recule,
Pour la faire avaler on dore la pilule.

 D'abord un Avocat, qui, le Code à la main,
De l'affreuse Chicane applanit le chemin,
Designe à sa Partie un Procureur fidele,
Qui sçait à l'interest preferer un beau zele:
Il est riche d'ailleurs, & son bien luy suffit
Pour n'avoir pas besoin d'un injuste profit.
Il est riche? ah! j'en tire un sinistre presage.
D'où luy seroient venus tant de biens en partage,
S'il eût toujours pris soin de plaider en fuyant
D'un injuste profit le secours attrayant?
Mais je veux que le tien, unique en son espece,
Se fasse un point d'honneur de tenir sa promesse;
Celuy de ta Partie est-il connu de toy?
N'en imite-t-il pas tant d'autres que je voy,
D'un inique oppresseur soutenant la querelle,
Rendre de leurs procez la durée eternelle?
Ce sort t'attend, Straton, on a beau te flatter
au bord du precipice où tu vas te jetter.

SATIRE II.

C'est en vain que Themis, que la Chicane opprime,
Du poids de ses Arrests veut accabler le crime,
En vain de ses enfans la redoutable Cour,
Le tonnerre à la main, le poursuit chaque jour:
Un voile d'equité, qui couvre l'injustice,
Leur laisse rarement démêler l'artifice:
Pour se douter du piege, on ne l'évite pas,
Et les plus éclairez font souvent de faux pas.
 Mais pour mieux t'arracher au sort qui te menace,
Entrons dans un détail de tout ce qui s'y passe.
Figure-toy, Straton, un Sergent odieux,
Qu'attire de ton or le son harmonieux,
Dans le cœur de l'Hyver, plus barbare qu'un More,
Il devance chez toy le lever de l'Aurore;
Et sur l'heure introduit, il vient mal à propos
Te donner le bon jour pour troubler ton repos.
Il s'agit seulement d'un Exploit qui t'assigne;
Tu lis, & ta surprise augmente à chaque ligne;
Ton Tuteur, que tu crus n'estre que deffendeur,
En termes très-exprés s'erige en demandeur,
Et tournant comme il veut le Code & le Digeste,
Sur un bien usurpé demande encor son reste.
A ce coup imprévû tu fremis de courroux.
Monsieur, dit le Sergent, filez un peu plus doux,
De tels emportemens la Justice s'offense,
On vous demande, he bien donnez votre deffense,
De le faire au plûtôt mettez-vous en devoir,
Adieu, j'auray demain l'honneur de vous revoir.
Il dit, & se retire; & toy qu'un coup si rude
A livré tout entier à ton inquietude,
Par d'inutiles soins tu veux sur ton chevet
R'attraper le sommeil qu'a chassé l'indiscret.
Debout, dit la Chicane : un moment: point de grace,
D'un Tuteur inhumain cours reprimer l'audace,
Et que ton Procureur oppose tout de bon
Le Corsaire au Pirate, & Rollet au fripon.
Il faut, au grand regret de ta chair delicate,
D'un lit delicieux abandonner l'oüate,
Et tandis qu'un Laquais fait bon feu de ton bois,
Estre dans une Etude à souffler sur tes doigts.

Là ton fier Procureur, d'une voix imposante,
Rassure d'orphelins une troupe tremblante ;
Et prenant leur argent dont on veut les priver,
Acheve de les perdre, & feint de les sauver.
Tes plaintes, tes frayeurs ont pour luy mille charmes ;
Il soûrit, & soudain condamnant tes allarmes,
Quoy, pour un seul Exploit vous pouvez vous troubler !
Dit-il, une chimere, un rien vous fait trembler ?
C'est où je l'attendois, nous en voyons bien d'autres ;
Il nous dit ses raisons, nous luy dirons les nôtres.
Je vais à l'artifice opposer les efforts,
Et donner ma deffense en des termes si forts,
Qu'il sçaura..... Voyez-vous, pour suivre la Coutume,
Souvent des Avocats nous empruntons la plume :
Mais pour moy je sçay bien m'en passer quand je veux,
Et j'ose en défier même les plus fameux.
Allez, & sur mes soins reposez-vous sans peine,
Je vous livre un Arrest en moins d'une semaine.
A propos, j'ay pour vous avancé quelque argent,
Tantôt pour le papier, tantôt pour le Sergent :
Les frais ne sont pas gros, c'est une bagatelle,
Je suis de vos deniers distributeur fidelle,
Un Louïs d'or suffit, j'agis de bonne foy.
En espece, dis-tu, je ne l'ay pas sur moy ;
Mais puisqu'il vous le faut, vous n'avez qu'à le prendre
Sur un double Louïs, c'est un qu'il m'en faut rendre.
Ma foy de te le rendre il se gardera bien ;
Sçache que telles gens ne rendent jamais rien.
Bon, dit-il, en voicy pour d'autres frais à faire ;
Allez, en peu de jours je finis votre affaire.
  A ces mots, de chez luy tu sors sans perdre temps,
Trop heureux d'acheter à beaux deniers comptans
Quelques jours de repos, qui passent comme une ombre :
Car bien-tôt tu reviens, le front morne, l'air sombre,
Pester contre un destin qui ne change jamais :
Ton Tuteur par replique embroüille ton procés,
Et cet Arrest promis en moins d'une semaine,
Ne peut estre rendu qu'au bout de la quinzaine.
Au moins ton Procureur te le fait esperer :
Straton, des ans entiers tu le verras durer.

SATIRE II.

La replique *t'étonne! elle n'eſt pas unique ;*
Il te faut eſſuyer & duplique *&* triplique.
Quoy! déja tu te plains de la vexation,
Et tu n'es pas encore à la production!

A la fin tu produis, tu vas entrer en danſe ;
C'eſt par là ſeulement que ton procez commence ;
Car, Straton, juſqu'icy tu n'as que préludé,
On va voir ſur quel droit ton procez eſt fondé.
Il faut, pieces en main, qu'un Inſtructeur fidelle
D'un pupille oppreſſé ſoutienne la querelle ;
Que tu ſçaches par cœur ces grands mots du Palais,
Griefs, Salvations, Contredits, *&* Delais,
Et pour ce beau jargon donner plus de piſtoles
Qu'il ne t'en coûteroit en vingt autres Ecoles.

Enfin au bout de l'an un Arreſt eſt rendu,
Ton Procureur obtient ce qu'il a pretendu :
D'abord il court chez toy pour te chanter victoire ;
*Mais l'Arreſt, par malheur, n'eſt qu'*interlocutoire,
La teneur ſur ce point roule preciſément,
On demande en un mot plus d'éclairciſſement :
C'eſt-a-dire qu'on cherche un nouveau labyrinthe,
Pour donner à ta bourſe une nouvelle atteinte.

L'Arreſt définitif ſurvient long-temps aprés,
Quand ton coffre épuiſé ne fournit plus aux frais.
L'Arreſt ſur ton Tuteur te donne gain de cauſe,
Il eſt vray ; mais la Cour y met certaine clauſe
Qui rend entre vous deux tous dépens compenſez ;
Tu jouïras du fond, encor c'eſt bien aſſez.
Quoy ? c'eſt aſſez ! dis-tu, le cœur ſaiſi de rage,
On appelle juſtice un ſi noir brigandage !
C'eſt me mettre à l'aumône en me rendant mon bien ;
Puiſqu'au prix des dépens le principal n'eſt rien.
Reçoy ce coup mortel d'une ame plus docile,
Straton, il reſte encor la Requeſte civile,
Et quatre ou cinq cens francs ſont bien-tôt conſignez
Pour en voir, s'il ſe peut, vingt mille d'épargnez.

Ton Tuteur y viendra, pour peu que tu le preſſes ;
Il ira déterrer quelques nouvelles pieces ;
Il ſoûtiendra qu'à tort l'Arreſt fut obtenu ;
Que contre l'Ordonnance il eſt intervenu.

Qu'il faut, pour faire droit dans une telle affaire,
Enquête par témoins, qu'on a manqué de faire;
Qu'il avoit oublié certains moyens d'appel;
Et du civil enfin venant au criminel,
Il te fera passer pour voleur domestique,
Faussaire, scelerat, & pour peste publique;
Enfin ce que l'enfer enfante de plus noir,
Attens-le de sa rage & de son desespoir.

 Aprés cela, Straton, plaide encor si tu l'oses;
Je ne te retiens plus, tu vois où tu t'exposes;
Cette mer où tu cours, toute pleine d'écueils,
Tous les jours sous nos pas creusent mille cercueils.
Tu pâlis à ces mots, & ton ame interdite
Fait lire sur ton front le trouble qui l'agite:
Je te diray pourtant que ma tendre amitié
Combattant ta fureur, t'épargne par pitié,
Et par le bon endroit te fait voir la chicane.
Que sera-ce, Straton, si la Cour te condamne,
Et si par des ressorts qu'on ne sçauroit prévoir,
Tes Juges sont surpris, & prennent blanc pour noir?
A combien de chagrins ne dois-tu pas t'attendre?
Comprens tout ton malheur, si tu le peux comprendre;
Et joins au déplaisir de te voir opprimé,
Le triomphe insultant d'un Tuteur affamé,
Qui venant à tes yeux jouïr de ton naufrage,
Sur tes biens decretez porte un affreux ravage;
Et pour comble de maux enfin le deloyal
S'établissant chez toy te loge à l'Hôpital.

 J'ay des biens, diras-tu, plus qu'il n'en faut sans doute
Pour prendre un peu plus tard cette funeste route.
Fusses-tu, s'il se peut, plus riche que Crésus,
Tu deviendras, Straton, aussi pauvre qu'Irus;
Themis sçait trop bien l'art de vuider une bourse,
Et des biens en decret sont perdus sans ressource.

 Examine le sort du triste Phocion,
Opulent par justice, ou par oppression:
On l'a vû de nos jours brillant dans sa carriere,
Aux plus riches Traitans donner de la poussiere:
Un procez survenu, qu'il méprisa d'abord,
Le reduisit enfin au plus funeste sort.

Je

SATIRE II.

Je puis encor citer mille exemples tragiques,
Dont Paris tous les ans voit grossir ses Chroniques.
Mais je serois trop long, & d'ailleurs aujourd'huy
On devient rarement sage aux dépens d'autruy.
Le malheur d'un voisin pour l'autre n'est qu'un songe,
Il ne le connoît pas à moins qu'il ne s'y plonge.
Ah! s'il sçavoit au moins le chemin d'en sortir,
Il pourroit l'éprouver pour s'en mieux garantir:
Mais on achete cher un peu d'experience;
Et quand tout est perdu l'on a de la prudence.
  Si tu fais quelque cas du conseil d'un ami,
Straton, contente-toy d'estre sage à demi,
Et du rivage heureux regarde la tempête,
Sans vouloir sottement l'attirer sur ta tête:
Tu peux couler tes jours dans le sein du repos,
Quel demon ennemi te fait chercher les flôts?
La soif de trop avoir te deviendroit funeste,
Pour sauver quelques biens tu perdrois tout le reste.
Va, songe à vivre heureux; je répons du succez,
Tant que tu prendras soin d'éviter le procez.

FIN.

Permis d'imprimer, ce 17. May 1701. M. DE VOYER DARGENSON.

ODE
SUR L'HEUREUSE CONVALESCENCE
DE MONSEIGNEUR LE DAUPHIN.

*Par Monsieur D * * ***

MUSE, calme ta crainte, & reprens l'esperance,
Que de nouveaux transports animent tes chansons:
Le peril d'un Heros adoré de la France
Déja te demandoit tes plus lugubres sons.
Déja son triste sort faisoit de l'Hipocrene
      Comme une source de douleurs
      Aussi grandes que nos malheurs.
      Déja l'excés de notre peine
      Avoit reduit cette Fontaine
      A changer ses ondes en pleurs.

Notre destin reprend une nouvelle face,
Le Ciel, le juste Ciel vient d'exaucer nos vœux;
En sauvant ce Heros, c'est à nous qu'il fait grace;
Il prolonge des jours qui nous rendent heureux.
Il étoit irrité, nous avions tout à craindre;
      Le plus terrible de ses coups
      Etoit prest à tomber sur nous:
      Helas que nous étions à plaindre !
      Mais nos larmes viennent d'éteindre
      Toute l'ardeur de son courroux.

Que sur nos saints Autels à jamais l'encens fume;
Le foudre suspendu sur le point de partir,
S'il s'éteint par les pleurs, aisément se r'allume
Quand des crimes nouveaux suivent le repentir.
En vain nous l'accusons d'estre peu legitime,
      De se montrer en punissant
      Injuste autant qu'il est puissant.
      C'est pour nous un profond abîme,
      Qu'il soit allumé par le crime,
      Et qu'il tombe sur l'innocent.

O D E.

Quand les Dieux irritez arment leur bras terrible,
Du choix de leur victime ils font tout occupez;
Ils cherchent dans nos cœurs l'endroit le plus senfible;
Nous en gemiffons même avant d'être frappez.
Pouvoient-ils mieux fur nous exercer leur colere,
  Qu'en dépoüillant ces triftes lieux
  D'un trefor aufli precieux?
  Aprés fon invincible Pere,
  C'eft l'efperance la plus chere
  De cet Empire glorieux.

Pour en fçavoir le prix, (fi l'on peut le connoître)
Voyons de fes vertus l'affemblage éclatant;
Apprenant quel il eft, jugeons quel il doit eftre;
Si nous fommes heureux, même fort nous attend.
Autant que nous l'aimons nous voyons qu'il nous aime;
  Chaque jour ce vivant flambeau
  Brille de quelque éclat nouveau;
  Et pour nôtre bonheur fuprême,
  C'eft Loüis qui s'eft peint luy-même
  Dans un fi fidele tableau.

Faut-il braver la mort pour courir à la gloire;
Forcer des efcadrons, abattre des remparts?
Il ne fait que paffer de victoire en victoire;
Tout tremble, tout fléchit devant fes étendarts.
Mais je fens qu'à fon tour ma Mufe s'intimide;
  Eft-il d'affez vives couleurs
  Pour peindre la noble chaleur
  Qui brûle cette ame intrepide?
  Tel étoit autrefois Alcide,
  Tel eft le Dieu de la valeur.

Dés que l'heureufe paix prés de nous le rappelle,
Les jeux & les plaifirs y viennent avec luy.
Il orne les beaux Arts d'une grace nouvelle;
Il en eft tout enfemble & l'objet & l'appuy.
Nous devons à luy feul notre chant le plus tendre:
  Rien ne peut mieux nous animer

Que la gloire de le charmer.
Il force les cœurs à se rendre;
En vain on voudroit s'en deffendre,
On ne peut le voir sans l'aimer.

D'un sort si plein d'attraits les éclatantes marques
Réveillent les desirs de nos voisins jaloux;
Ils viennent à ses pieds demander des Monarques
Formez du même Sang qui doit regner sur nous.
Dans leur empressement que chacun les seconde;
  Qu'on cherche en ce Sang genereux
  Le bonheur qui comble nos vœux;
  Il en est la source feconde;
  Et s'il regnoit sur tout le monde,
  Tout le monde seroit heureux.

Puisse notre bonheur estre à jamais durable;
Pour le rendre constant il faut le meriter :
Par d'immortels honneurs rendons-nous favorable
La main qui nous le donne, & qui peut nous l'ôter.
Dans un dessein si beau que chacun s'interesse;
  Réunissons tous nos efforts,
  R'animons nos ardens transports,
  Et par des vœux pleins de tendresse,
  Obtenons que le Ciel nous laisse
  Le plus riche de ses tresors.

Nos vœux sont exaucez, les destins plus propices
N'ont calmé leur courroux que pour nous rendre heureux.
Ouy, France, tu verras *tes plus cheres délices*
Au gré de tes desirs remplir des jours nombreux :
Ce Sang qui te produit tant de biens, tant de gloire,
  Objet de nos vœux les plus doux,
  Malgré mille ennemis jaloux,
  Ira plus loin qu'on ne peut croire,
  Et de même que sa memoire,
  S'eternisera parmi nous.

F I N

Permis d'imprimer, ce 10. Avril 1702. M. DE VOYER D'ARGENSON.

www.ingramcontent.com/pod-product-compliance
Lightning Source LLC
Chambersburg PA
CBHW071415060426
42450CB00009BA/1897